Corre, Atiende
el LLamado

Corre, Atiende el LLamado

Pablo Abner Rosado

Número de Control de la Biblioteca del Congreso de EE. UU.:   2014903029
ISBN: Tapa Blanda   978-1-4633-7916-2
               Libro Electrónico   978-1-4633-7917-9

Fecha de revisión: 25/02/2014

Para realizar pedidos de este libro, contacte con:
Palibrio LLC
1663 Liberty Drive, Suite 200
Bloomington, IN 47403
Gratis desde EE. UU. al 877.407.5847
Gratis desde México al 01.800.288.2243
Gratis desde España al 900.866.949
Desde otro país al +1.812.671.9757
Fax: 01.812.355.1576
ventas@palibrio.com
605072

ÍNDICE

Agradecimiento 11

Prólogo 15

Capítulo 1. ¿Qué es el llamado? 21

Capítulo 2. Los diferentes tipos de llamados 27

Capítulo 3. ¿Quién Llama? 39

Capítulo 4. ¿Por qué tu y no yo? 59

Capítulo 5. Corre, Atiende el llamado 65

Capítulo 6. La Reacción del Pastor al llamado . 69

Capítulo 7. La Reacción de la Familia 77

Capítulo 8. La dirección del Espíritu Santo 83

Capítulo 9. Confirmando el Llamado 89

Capítulo 10. Enviándolo 97

Bibliografía 103

Agradecimiento

Agradezco primeramente a Dios y luego a mi familia por la culminación de este libro. Es la primera ocasión que Dios pone palabra en mi corazón para escribir un libro de esta magnitud y espero que sea del agrado de todo buen lector que sabe apreciar la calidad de este trabajo. También, alago y agradezco a todo pastor que desde mi niñez han sido unos verdaderos guías espirituales. Que durante y a través del trayecto de mi vida, sus consejos y enseñanzas no han quedado en el olvido. Para todos ustedes, mi respeto y les dedico este libro con toda humildad de corazón. Muchas gracias.

Prólogo

Basado en historias bíblicas y aun en mi opinión

personal quiero expresar el deseo de llegar a usted

lector y compartir ideas en las cuales podemos

familiarizar y participar en la discusión de un tema

como este. **Corre, Atiende el llamado** es un tema

que tal vez usted haya discutido anteriormente y

quizás hayan libros escritos de antemano. No lo

considero antagónico pero tampoco lo veo como

un tema repetitivo, más bien es un asunto de hoy

día. Es por eso que te invito a que leas las páginas

que prosiguen a continuación con tal de que si te

gusta la lectura saques de ella provecho. Siéntate

cómodo y disfrútalo.

Entre los temas escogidos aparecen 10 que he considerado como preguntas de nuestro diario vivir. Temas de actualidad donde el joven como el adulto podrá entrelazar nuevos pensamientos y tener una idea más clara acerca del llamado que Dios deposita en nuestras manos. Sé que hay otros autores que con más precisión la escritura sería más amplia. Pero no se trata de eso. Esto lo ha puesto Dios en mi corazón y en una forma sencilla y simple quiero presentársela a ustedes.

Muchas de las experiencias en las que hago mención de ellas son experiencias que las he vivido. He sido testigo ocular de la manifestación del Espíritu Santo y he estado presente al momento del llamado a una persona. Dios no se equivoca pero si él te ha llamado dale lugar en tu vida. Considero que la voluntad de Dios es vuestra santificación mas el hacer su voluntad es digno de ser llamado hijo de Dios. Por tanto no desprecie lo que Dios ha puesto en tus manos.

Capítulo 1

¿Qué es el llamado?

¿Qué es el llamado?

Para definir la palabra **llamado** debemos de ir a su raíz gramatical. Llamar es una invocación por alguien que te necesita, alguien que quiere que tú le prestes atención. Es una voz fuerte, en ocasiones que sobresale en lugar donde estés o puede ser una voz dulce y afinada. Esa invocación puede venir de un familiar, amigo, compañero de trabajo o conocido que en ese momento su vida esté en peligro o sencillamente quiere que tú le hagas algún favor o trabajo. Sin embargo, la voz que yo quiero que tu le prestes atención es a la voz de Dios.

Esa voz en la persona de Jesucristo dejó una encomienda para la iglesia. Si tu miras en el evangelio de Marcos, cap., 16:15, nos dice que Cristo comisionó a los 11 discípulos para regar la semilla del evangelio. El les dijo;

"Id por todo el mundo y predicad el evangelio a toda criatura".

Este aunque usted no lo crea es el primer llamado que Cristo le da a la iglesia. Usted y yo estamos llamados a predicar el evangelio de Cristo por todo el mundo. En otras palabras Cristo depositó esa confianza en la iglesia y ni usted ni yo tenemos el derecho para rehusarnos a cumplir en su totalidad la encomienda.

Aun en nuestros días esa voz repercute en nuestros oídos. Consideremos el cap. 28 del evangelio de Mateo y vs., 19, donde Cristo nos

dice;

"Por tanto id y haced discípulos a todas las

naciones, bautizándolos en el nombre del Padre,

del Hijo y del Espíritu Santo".

Esta era la manera de Jesús hacer las cosas.

Era y es el modelo que usted, la iglesia y yo

debemos de adoptar.

¿Para quién es ese llamado?

Ese llamado es para todo aquel que ha sido

bautizados en las aguas y a confesado a Cristo

como su Salvador Personal. Es para todo aquel

que se denomina como iglesia de Jesucristo. La

iglesia no es la estructura del edificio donde nos

reunimos para celebrar culto a Dios. La iglesia somos usted y yo. No obstante, es eminente que este trabajo sea realizado día tras día por cada uno de nosotros.

No importa como lo hagas, hay que hacerlo. El llevar las buenas nuevas de salvación es la mejor bendición que tú puedas recibir. Es motivo de regocijo el ser un representante de Dios en la tierra donde tú vives. Visitar casa por casa anunciando que Cristo vive y vuelve por su iglesia es un privilegio. Pero no todo el mundo lo cumple, desafortunadamente.

Capítulo 2

Los diferentes tipos de llamados

Los diferentes llamados

Existen diferentes tipos de llamados. Entre los cuales se destaca el llamado de las fuerzas armadas de los Estados Unidos mediante una carta o de algún representante que envíen a tu casa. Como un ejemplo vivo podemos darle un vistazo a Corea del Norte y a sus amenazas, a Siria y el uso de armas químicas. Aun no hay nada concreto todavía pero la defensa americana no va a esperar hasta el último momento para prepararse. O seas que el llamado a cada soldado en particular es inminente.

Otra agencia gubernamental que requieren de nuestros servicios y lo solicitan son los tribunales. Mediante cartas a todo ciudadano americano en particular con el propósito de seleccionar un jurado que examine la prueba fehaciente en la culpabilidad o inocencia de un individuo o grupo. También las compañías de trabajos entran al llamado de acuerdo a sus necesidades para otorgarnos un trabajo. Al momento de un contrato o de alguna oferta de trabajo es a través de una carta, teléfono o correo electrónico. Para contestar este tipo de llamado nuestra disposición es un requisito indispensable.

Por otro lado hacemos mención del llamado familiar, el cual está a la orden del día. Es el más directo y más rápido del cual no hay carta ni correo electrónico para atenderlo. No es el tipo de llamado que necesariamente nos hace esperar hasta que me desocupe. Lo que tenemos en las manos lo soltamos, si estamos trabajando nos excusamos, si estamos en planes o en camino de viaje y podemos detenerlo lo hacemos y llegamos hasta las últimas consecuencias para atender nuestra familia. La disposición es de urgencia sin ninguna otra medida que pueda ser afectada.

Además, el llamado divino o mejor conocido por el llamado que Dios deposita en nuestras manos es el más complejo y más difícil de aceptar. Hago mención de esta frase **difícil de** *aceptar* porque desde el Antiguo Testamento nuestros patriarcas no lo aceptaban rápidamente sino que le pedían un sin número de señales a Dios para entenderlo y aceptarlo. Sin embargo, hoy día ocurre igual que en aquel tiempo. La búsqueda para confirmar que Dios me ha llamado es incansable. La disposición no es de carácter inmediato porque le damos lugar a la duda y eso no es bueno.

El llamado por nombre es un llamado no muy usual. Cuando ocurre implica cierta disciplina o corrección. Eso lo vemos inmediatamente en el hombre que Dios creó en el Huerto del Edén. Después de haber recibido las instrucciones pertinentes, el primer Adam parece no tomarlas en consideración y se olvida de ellas dando lugar al pecado. Desde entonces la voz de Dios se paseaba en el huerto buscando a Adam.

Este, después de haber desobedecido se escondió porque tuvo miedo. Esto no solamente ocurre en el Huerto, nuestros padres usaban nuestro nombre para llamarnos. Era señal de que había ocurrido algún problema del cual nos sentíamos o creíamos ser los culpable. Por tanto, una vez más te digo que este llamado implica corrección o disciplina.

Solo Dios escoge la persona que ha de llamar.

¿Qué mira o que ve Dios para llamar a una persona

en particular? Solamente Dios lo sabe. Nosotros miramos el exterior de una persona y creemos que Dios la puede llamar. Sus características y personalidad en general pueden ser factores que Dios tome en cuenta al momento de llamar a una persona.

Aunque no necesariamente ocurre así, porque Dios mira el corazón. Un ejemplo encontramos cuando Dios envió al profeta Samuel a casa de Isaí. Que le dice no te fije en su apariencia porque yo lo rechazo. Así pasó, comenzaron a desfilar los hermanos de David y a ninguno de ellos Dios escogió. El profeta preguntó si quedaba algún otro muchacho, respondiendo Isaí dijo que sí y el profeta esperó hasta que David llegara para ungirlo.

Además, veamos el capítulo 6 y verso 8 del libro de Génesis, el cual muestra claramente que la gracia de Dios fue alcanzada en Noé. Dios había decidido terminar con la raza humana debido a la maldad pecaminosa de la gente. Sin embargo, Noé fue el hombre que Dios escogió para preservar la vida de los animales y la de los seres humanos en la tierra. Después del diluvio Noé y su familia se salvaron junto a los animales que Dios preservó al entrar al arca. El llamado es asunto de Dios, usted y yo debemos de creerlo y obedecerlo.

El huir de la presencia de Dios no significa necesariamente el fin a nuestro llamado. Recuerde que en el libro de Romanos, capítulo 11 y vs 29 dice; Porque irrevocable son los dones y el llamamiento de Dios. Miremos pues a Jonás (Capítulo 1). Este fue envíado a Ninive y huyendo de la presencia de Jehová, pagó su pasaje para irse a Tarsis. Jehová, entonces permitió que una gran tempestad se levantara. Los marineros creyeron que su embarcación se hundía y tuvieron miedo.

Desde entonces echaron suerte y la suerte cayó en Jonás quien estaba durmiendo en la parte baja de la embarcación. Le despertaron y le interrogaron por los miembros de la tripulación.

El asumió su responsabilidad y admitió que huía de

la presencia de Jehová. Que la única oportunidad

que tenían para sobrevivir era arrojándolo al mar.

Así lo hicieron y la tempestad se calmó pero Jonás

terminó en el vientre de un gran pez que Jehová le

tenía preparado.

Tres días y tres noches estuvo Jonás en el vientre

del pez. La experiencia que este hombre tuvo allí

fue algo desagradable a mí entender. Por eso las

consecuencias a la desobediencia son inapelables.

Dios permitió que Jonás se arrepintiera y clamara

desde el vientre del pez. Claro que no siempre

sucede así. Pero de Jehová es la tierra y su plenitud.

Con esto te digo que todo está a merced de Dios. Tal vez usted no lo entienda, amigo lector pero es que la misericordia de Dios es tan grande que él hace como él quiere. Jehová Dios escuchó su oración y le fue contestada. Y de inmediato ordenó al pez que vomitara a Jonás en Tierra. No es necesario que la mano de Jehová nos alcances cuando lo que Dios quiere de nosotros es obediencia.

Sin embargo, creemos saberlo todo y que podemos jugar con aquel que nos hizo, que conoces nuestros pensamientos y nuestros caminos. Por mucho que corramos jamás escaparemos de ese llamado. Jonás no pudo escapar y trató de esconderse en otro lugar. Por eso te acon-

sejo a que no huyas de Dios. Sencillamente

obedece.

Capítulo 3

¿Quién Llama?

¿Quién llama?

La Biblia me enseña que quien llama le llamamos Dios. En capítulo 3 del libro de Éxodo vemos el llamamiento de Moisés. El propósito de su llamado era liberar al pueblo de Israel de los egipcios. Sin embargo, el vs. 3 nos dice que Moisés vio una zarza que ardía y no se consumía. La curiosidad de Moisés en saber lo que pasaba con la zarza fue tan inmensa que se acercó a ella.

Dios, entonces le dijo quita las sandalias de tus pies porque el lugar que pisas **Santo** es. En mi perspectiva personal describo las sandalias como el pecado que ata al hombre y el lugar **Santo** cuando ese hombre llega a la presencia de Dios.

Su pecado por grande que sea le es quitado. Ningún hombre en la tierra puede acercarse a la presencia de Dios en pecado ni mucho menos pretender que estamos bien y no lo estamos. Dios conoce nuestro corazón y a Él no se le escapa nada.

Por otro lado la zarza es un arbusto seco muy espinoso. Sus hojas son descritas en unas formas lobuladas con flores blancas. Su altura alcanza casi 4 metros y se extiende por numerosas regiones del África. También, su extensión abarca la Península del Sinaí en Palestina y por las riberas del mar Muerto.

En el capítulo 3 de 1ra de Samuel, encontramos a Samuel durmiendo y escuchó la voz de

Dios en tres ocasiones que le llamaba. Samuel

creyó que el sacerdote Elí le estaba llamando y

fue donde él. El sacerdote Elí le respondió yo no

te he llamado. Por tres ocasiones consecutivas

Samuel se levantó de su lecho y el sacerdote

entendió que Dios estaba en el asunto. Por tanto

le dijo si vuelves a sentir otra vez la voz responde

así, habla Jehová porque tu siervo oye. En esa

época los profetas no eran como hoy día. Los

profetas de hoy le hubieran dicho Dios tiene

grandes cosas para ti. Prepárate y ponte en las

manos del Señor. Elí reconoció que era la voz

de Dios. Y aconsejó a Samuel de cómo res-

ponder.

Dios también llamó a Elías cuando se escondió en la cueva huyendo de Jezabel (1ra Reyes cap. 19). Un hombre que Dios había usado y había degollado a los profetas de Baal.

Sin embargo, el miedo puede ser uno de los obstáculos más grandes para ejercer el llamado que Dios te ha dado. Aun teniendo la provisión de Dios las rodillas como que se tambalean en los pasos que damos. Pero cuando Dios está en el asunto no hay miedo, gigante o cualquier otro obstáculo que nos aguante en el empuje de hacer la voluntad de Dios.

Otro ejemplo del llamado de Dios lo encontramos en el libro de Hechos capítulo 9. Saulo fue el hombre que organizó la persecución en contra de los cristianos (Hec. 8:3; 22:4; 26:10,11;). El diccionario bíblico le describe como un inquisidor (investigador). No contento con actuar en Jerusalén pidió cartas al sumo sacerdote para las sinagogas de Damasco, a fin de traer a los cristianos de origen judío presos a Jerusalén. Pero qué bueno que se encontró con el Rey de Reyes y Señor de Señores mientras cabalgaba a Damasco.

Nadie puede contender con el Señor cuando él tiene algún propósito con nosotros. Por mucho que corramos o tratemos de escondernos el ojo de Jehová estará sobre nosotros para que hagamos su voluntad. Esto fue el caso de Saulo, hombre que también estudio a los pies de Gamaliel. Este fue uno de los mas celebres rabinos de su época. No era el tipo de persona que decimos ese es un loco. No, Saulo era un hombre importante y decidido.

Quiero también incluir parte de mi experiencia personal y parte de mi testimonio en referencia al llamado que Dios nos da. Desde niño fui presentado a Dios y aprendí lo que es el servicio a Dios. Esto significa que nunca he sido partícipe de las delicias y actividades del mundo. Considerando mencionar mi experiencia personal quiero contarte lo siguiente; en cierta ocasión un grupo de estudiantes en asuntos criminales hicimos una visita a un laboratorio donde la sangre

es examinada, mediante unos químicos se le

da el tipo de sangre que uno tiene. Me llama la

atención que cuando este técnico depositó una

gota de mi sangre en uno de los envases que él

tenía disponible en el lugar, no hubo reacción

alguna.

Pero no se quedó ahí, fue buscando envase

por envase hasta conseguir el envase donde

la gota de mi sangre reaccionaría. Mira lo que

quiero decir con esto es lo siguiente; hacer o estar

en la plena voluntad de Dios es algo inminente

en nuestras vidas. El Espíritu de Dios no tendrá re-

acción alguna en nosotros si no estamos haciendo su voluntad. Una vez que comencemos a movernos y acatar la voluntad de Dios entonces habrá reacción. Mi sangre reaccionó según el químico que fue utilizado, así hará el Espíritu de Dios cuando le obedezcamos.

Por otro lado llegué a los Estados Unidos buscando una situación de vida más favorable. Mi hija más pequeña, tenía problemas en sus ojos y necesitaba de una operación. Ella salió bien de su operación pero la adaptación para vivir en los Estados Unidos fue algo lenta pero segura. Sin embargo, vivía en el estado de New Jersey y posteriormente me mudé para el estado de Pennsylvania, el cual estaba mucho más cerca a mi trabajo. Desde entonces fui a vivir a una calle llamada "Westmoreland" en "Philadelphia".

Era una casa pequeña de esa que le llaman "Rhode house". En esa casita comenzamos a dar cultos de hogares una vez a la semana para enseñar la Palabra de Dios y ganar almas para el reino de los cielos. Aunque, Todavía sigo ganando almas para el reino de los cielos. Para ese entonces yo no asistía a ningún Instituto Bíblico o seminario y la única manera de adquirir el conocimiento para dar esas clases era viajando al templo donde nos reuníamos para adorar a Dios. Mi hija Geraldine y yo asistíamos a las clases, aunque la dejé como líder al frente del culto pero yo también estaba presente y le ayudaba. Gracias le doy a Dios y a mi pastor, el Rev. Rafael Calderón quien en todo tiempo estuvo pendiente de la célula o culto en el hogar.

Créeme que los cultos en los hogares son de mucha bendición a la familia. Mis hijas Yadira, Geraldine, Abneris, mi esposa Eneida y yo dimo el todo por el todo como un equipo en la familia. Estos cultos son una buena oportunidad para predicar el evangelio sin rodeo en una forma directa. Logramos reunir hasta 30 personas inconversas. De esas 30 personas Llevamos alrededor de 10 personas para ser bautizadas en las aguas.

Una vez aceptaron a Jesucristo como su salvador personal y fueron bautizadas se les reconoció como miembros en plena comunión de la iglesia de la 27. Ahí estaba mi Pastor el Rev. Rafael Calderón pastoreando. Entre esos 10 salió el esposo de mi hija Geraldine y ambos están profundamente agradecidos de Dios y casados. Aun permanecen sirviéndole al Señor en la 27 y acaban de recibir la visita de la cigüeña, su primera hija. Pero volvamos al momento cuando estábamos finalizando uno se esos culto en el cual he mencionado y me disponía a llevar a sus casas la gente que estuvo presente en el culto.

Al abrir la puerta y entrar a mi vehículo escuché una voz que me dijo:

"Hazme la iglesia"

Esa voz fue una voz audible en el centro de mi corazón. Una voz con amabilidad la que me dijo hazme la iglesia. Era la segunda vez que oía la voz de Dios en diferentes lugares y con diferentes propósitos. Esa voz en ningún momento hizo un paréntesis para que yo contara lo que había oído.

No me dijo coméntalo con fulano, o dilo a la iglesia. Tampoco me dijo, llámate al hermano tal y busca su consejo. Ni siquiera se lo comenté a mi esposa Eneida, tampoco a mi pastor Calderón. El no comentar con nadie y reservarme el derecho de lo que había oído me dejó asombrado, sin palabras. No obstante, esa voz se quedó grabada en mi corazón.

Y tal parece que cometí un grave error al no comentar con nadie lo que Dios me había dicho. Mi salud comenzó a deteriorarse y sin darme cuenta se levantó una gran batalla en mi vida que todavía estoy peleando. Opté por irme a estudiar al Instituto Bíblico en Hammonton, NJ. Por cuatro largos años estuve preparándome con el propósito de hacer la voluntad de Dios.

Era un viaje por espacio de una hora para ir al Instituto Bíblico y una hora para regresar.

Quiero decirte que no era un viaje de placer que yo quería disfrutar. Yo no quería ir al Instituto Bíblico. El decir no era algo que no estaba en mi, no tenía la preparación para aceptar el reto que Dios estaba depositando en mi vida pero no pude pelear con Dios. Amigo lector, tal vez no entienda lo que aquí escribo. La voz que escuché no fue la voz del enemigo.

El enemigo no alaba a Dios ni tampoco quiere que le hagamos una iglesia donde se mueva el poder de Dios. El no puede darnos órdenes. El no puede hablar a mi corazón y mucho menos decirme lo que voy a hacer. El único lugar que tal vez el pueda usar es el campo de la mente. Si usted o yo le damos el permiso.

Usted y yo debemos de tener cuidado con los pensamientos que llegan a nuestra mente y tenemos que detener todo aquello que a Dios no le agrada. No le demos lugar y ciérrele toda fuente que el encuentre en disposición de ser usada por él. Porque el aprovecha cualquier hendidura abierta para colarse. No tengas miedo porque no nos puede tocar. Tiene que pedirle permiso a Dios para que nos toque.

Sin embargo, son muchos los que se llaman a ellos mismos. Se nombran ser pastores porque hacen una iglesia en el sótano de su casa o en el garaje o cuarto que tienen disponible. Nada hay de malo con eso siempre y cuando sea Dios el que llame. Lo cierto es que la posición de pastor es una posición que cualquiera puede tenerla hoy día. Pero que sea llamado por Dios no aparece todos los días.

Porque la persona que Dios llama tiene que ser una persona con el corazón y mente de Dios, con un corazón abnegado dispuesto a tratar con Dios mismo y no con el hombre. La Biblia nos dice que El Obrero es digno de su salario pero no dice que con ser evangélico tengo que lucrarme económicamente. El ser evangélico significa llevar las buenas nuevas de salvación al mundo que nos

rodea. Es sacar el pedazo de pan que tenemos

para comer de nuestra boca para dárselo a

aquel que lo necesita. Es abrigar al que tiene frío.

Vestir al que está desnudo.

Por tanto, si la escusa que tú trae es decir que

estoy trabajado y cargado, El Señor también te

habla y nos presenta su plan para cada uno de

nosotros llamando a nuestro corazón, diciendo:

"Venid a mi todos los que estáis trabajados

*y cargados, y yo os har*é *descansar"* (Mateo

11:28). En Apocalipsis 3:20; nos dice la escritura;

"He aquí yo estoy a la puerta y llamo; si alguno oye mi voz y abre la puerta entraré a él, y cenare con él y él conmigo".

Capítulo 4

¿Por qué tu y no yo?

¿Por qué tu y no yo?

Esa pregunta a mí entender muestra falta de madurez en la persona. Porque en la viña del Señor hay mucho por hacer y hay trabajo para todo aquel que quiere trabajar. Lo que pasa que no todo el mundo le gusta en primera instancia someterse. En los negocios de Dios usted no hace lo que le viene en gana sino la voluntad de Aquel que le envió. Por tanto el someterse y el fruto del Espíritu van de la mano.

Además, esta pregunta se presta para levantar una serie de obstáculos que le pueden perjudicar si se descuida. Uno de los problemas que más acompaña al hombre de Dios es el celo. El celo, mirándolo desde la perspectiva humana es un sentimiento con características violentas. Pero no lo quiero tratar como tal ya que el celo en el Señor es que las almas se salven. Sin embargo, el celo también se cuela detrás de los ministerios personales. Recuerden que quien pone el ministerio en nuestras manos es Dios. Hay tanto por hacer y compartir sin necesidad de entrar en pleitos. Que deberíamos cuidarnos de esos momentos en el cual queremos hacer mucho y no hacemos nada. Dando lugar a la pregunta, ¿por que tú y no yo? No espere por nadie comienza tu a hacer la voluntad de Dios y verás cómo te usa.

CORRE, ATIENDE EL LLAMADO

En muchas ocasiones contestar esta pregunta conlleva una reacción envidiosa. La envidia es un factor negativo que perjudica tanto a uno como el otro. Es un obstáculo con malicia que para derribarlo usted no debe de permitir que sea intermediario en su vida. Cuídese de no tener cerca estos frutos carnales. Aléjese y busque dirección de Dios en lo más mínimo.

La falta de preparación académica y espiritual son otros dos factores de suma importancia. Se requiere estar lleno del Espíritu Santo y de tener estudios teológicos o de Instituto bíblico. Usted dirá, tantos requisitos; ¿para qué? Sí cuando Dios llama, Dios capacita. Bueno si estoy de acuerdo con esa frase aunque no en 100%. Mientras mejor usted se prepare para hacer la voluntad de Dios mejor será su participación para atender lo que Dios deposite en sus manos. Nunca quedaremos huérfanos si nos preparamos como es debido.

Claro, hay quien dice ya pasé la época de estudios. Es posible pero lo cierto es que la Biblia nos dice "**escudriñad las escrituras**", (Juan 5:39). Y, ¿qué es escudriñad?, pues mira en palabras de barrio es buscar información, ir un poco más allá de lo común. Es además, rebuscar en otras fuentes de información para entender mejor lo que Dios quiere decir en su palabra. Nutrirte de la veracidad del evangelio.

Capítulo 5

Corre, Atiende el llamado

Corre, atiende el llamado

La iglesia de nuestro Señor Jesucristo es la que está obligada a correr y atender ese llamado. Una vez que todo individuo haga profesión de Fe, sean bautizados en aguas, doctrinados, capacitados y entrenados para realizar el trabajo del Señor no hay excusas por las cuales creamos no estar aptos para desarrollar el trabajo. Sin embargo, Dios están bueno y tan misericordioso que no obliga a nadie. Este trabajo aunque voluntario no acepta el mirar atrás. Pero una vez estas dentro el retroceso no es una opción para un guerrero espiritual que defiende nuestra fe.

Entonces, pero es que son muchos los llamados y pocos los escogidos. Eso es correcto. Así pasó con Gedeón quien fue el sexto juez designado en el Antiguo Testamento. El Ángel de Jehová se le presenta en el lugar donde está escondiendo su provisión de alimentos de los madianitas. Los madianitas eran moradores del desierto (Gén., 25: 2, 6) enemigos del pueblo de Israel.

A Gedeón le fue dado un ejército con 32,000 hombres. Jehová le dice el pueblo para pelear con los madianitas es mucho. Pregona a oídos del pueblo que aquel que tema y se estremezca madrugue y se vaya a su casa. Se fueron 22, 000 hombres. Pero aun eran muchos y Jehová les llevó a las aguas.

Y le dijo; cualquiera que lamiere las aguas con su lengua como lo hace el perro a ese apartaras. Fueron 300 hombres que lamieron las aguas como Dios le había indicado a Gedeón. Usted dirá, ¿cómo es posible que con 300 hombres se gane una batalla? Para usted y para mí eso está fuera de liga pero cuando Dios llama el número no garantiza que hemos sido llamados porque lo que Dios quiere es que tanto usted como yo obedezcamos. La minoría fue escogida por Dios para esta misión.

Capítulo 6

La Reacción del Pastor al llamado

La reacción del Pastor al llamado

EL Pastor conoce su rebaño. No obstante, su reacción debe de ser comprometedora. Los factores de casualidad o de suelte son factores expresados por el hombre y no por Dios al llamar a una persona. Además, la disposición o uso de estos factores son absolutamente negativos. Porque Dios siempre ha sido claro y firme en este asunto.

Por eso la buena comunicación, la confianza, la confidencialidad y el buen juicio son factores que influyen en el Pastor a la hora de dar el visto bueno al llamado del hombre. Ambos deben de trabajar mano a mano pero con un mismo propósito. El entrenamiento de un pastor hacia el alumno es necesario. Este cuenta con su experiencia y sus consejos nunca están de más, siempre hacen falta. Recuerde que las cualidades que Dios ve en el hombre al que llama no necesariamente le agrada a cada uno de nosotros.

El hombre que Dios llama es un hombre normal. Sus cualidades le destacan en el vecindario donde vive y aun en la iglesia. Pero esa simpatía no satisface al medio ambiente. Dígame una cosa amigo lector, ¿Es Dios o es el hombre quien llama? ¿De quién es la obra?

Si su contestación es Dios, entonces no dé lugar a la duda. Porque el que duda es como las olas del mar que van y vienen. Deje que el

evangelio sea expandido a través del mundo.

Y otorgue las herramientas básicas y necesarias

para el desarrollo de esta encomienda. Usted no

tiene nada de qué preocuparse.

Si Dios está en el asunto déjelo tranquilo. Ya

que todo llamado viene de Dios. Deje que la

obra de Dios sea expandida. Todos no podemos

ser pastores pero todos estamos llamado a

cumplir con la encomienda. Ahora, nada hay

que impida que esa persona sea un miembro de

su congregación.

Estoy de acuerdo que no todos podamos

ser pastores porque cinco son los ministerios que

registra el libro de Efesios 4:11, primero apóstoles, profetas, evangelistas, pastores y maestro. Entonces mi amigo lector, que impide que Dios use lo que él quiera usar. En Lucas 10:2 nos dice que la mies es mucha y los obreros pocos. Esta porción de la Palabra de Dios nos presenta la necesidad de preparar obreros y que sean enviados a hacer la voluntad de Dios. Sin embargo, entiendo que no todos los pastores estan preparados para que gente de su congregación salgan a cumplir con los diferentes ministerios.

Algunos de ustedes dicen que ser pastor no es fácil. Desde luego que no. El llegar al matrimonio tan poco es fácil, es cuestión de amarrarse los pantalones y aceptar el reto que Dios le da al hombre. Se dice que el mar muerto es muerto porque recibe y no da. Este decir refleja la actitud incompleta de cómo el siervo de Dios debe pensar en relación al hombre que Dios llama. Quien quita que sea uno de nosotros.

En mi pensar creo que aunque la iglesia sea pequeña no le afecta en nada porque quien da el crecimiento es Dios. Si todo está en la voluntad de Dios no hay porque temer y tanto se beneficia su congregación como la que ha de salir de su iglesia. También, parece ser que muchos de nosotros no estamos escuchando la voz de Dios y si la voz del asalariado. Es bueno dar, porque Dios bendice al dador alegre. Pero esto no significa que Dios le llame al ministerio.

Quiero que mires el relato cuando Dios llamó a David. En 1ra de Samuel 16:7 Dios le responde a Sa-muel y le dice; no mires a su parecer, ni a lo grande de su estatura, porque yo lo desecho, Je-hová mira el corazón. Sin embargo, pasa lo contrario en nuestras congragaciones, aquel que llega con un corazón dadivoso, que no me da problemas y ayuda en 100% la congregación, "WAO".

Ese si tiene llamado. Pero aquel que lleva años en la iglesia y le es fiel a Dios, decimos; a ese que su carácter no controla, a ese Dios no le puede llamar. Lamentablemente así estamos hoy día.

La reacción del pastor hacia el hombre que Dios llama es de carácter serio. Es que este salga por la puerta ancha en victoria. Con la bendición y respaldo de su pastor como obrero que no tiene nada de qué avergonzarse, que trace bien la palabra de verdad. Que tanto la congregación y su pastor estén orgulloso de que ha salido uno de sus hijos a cumplir con la voluntad de Dios. Darles de comer a otros que también necesitan. Y sin en lo poco hemos sido fiel entonces en lo mucho nos pondrá el Señor.

Capítulo 7

La Reacción de la Familia

La reacción familiar en el llamado

La familia como entidad fundada y esta-blecida por Dios es la base de todo ministerio. No tan solo a nivel espiritual sino también a nivel profesional. Ya que de donde nace la idea de abrir negocios terrenales es en la familia. Su rol es necesario y su apoyo es incondicional. Por eso la reacción de la familia en el llamado es fundamental para el hombre que Dios llama.

Sin embargo, miremos a Josué quien fue el sucesor de Moisés. Un muchacho joven en sus comienzos pero con una responsabilidad enorme. El habla por su casa mientras se dirige a su pueblo en Siquem (Josué: 24: 15) repasando la historia de cómo Dios estuvo con ellos. Este hombre de Dios tomó una determinación con seriedad y sin titubeos delante de su pueblo. El afirma y dice: **"Yo y mi casa serviremos a Jehová", (Josué 24:15).**

Tal vez tú pienses y digas, bueno eso fue en el pasado. Hoy día los tiempos han cambiado. Eso es precisamente lo que está pasando en la familia de hoy. La tecnología ha venido a ocupar parte del tiempo libre que teníamos para Dios y nuestra familia. Este cambio en nada ha favorecido a la familia porque tanto el hombre como la mujer están en la calle trabajando.

En mi rol de sacerdote, soy yo quien lleva la responsabilidad de presentarme ante Dios y presentar mi familia pero en mi hogar tengo la

prioridad de atender y sufragar los gastos de las

necesidades que se presenten. Es mi obligación

de velar y conducirles a que vivan una vida fuera

del pecado. Ahora, el hecho es que cuando

Dios llama la responsabilidad es prioritaria en el

hombre como cabeza del hogar pero también

su conyugue tiene la obligación de aceptar ese

llamado. Entonces la responsabilidad cae en

ambos para vivir una vida integra y dejar que

Dios les dirija. Una vez más te recuerdo que en el

matrimonio aunque son dos son una sola carne.

Por otro lado tal vez tu diga, bueno es que

mis hijos están pequeños. El trabajo me quita

la mayor parte de mi tiempo disponible. Si, es correcto pero las excusas satisfacen al que las da. Y no es que cierren los ojos y salgan corriendo. Es que ambos se den el uno al otro para atender ese llamado que Dios ha depositado en sus manos.

Se ha dado el caso en ocasiones que ha sido la mujer la que ha recibido el llamado de Dios. Esto no le quita valor a la familia porque Dios sabe lo que hace. Entonces no se sienta mal ni fuera de órbita. Usted y su conyugue lo que deben de hacer es acatar y obedecer a lo que Dios les pide. Tenga presente que el machismo aquí no entra.

Capítulo 8

La dirección del Espíritu Santo

La dirección del Espíritu Santo

La dirección del Espíritu Santo es vital y de suma importancia en nuestra vida. Sin él nuestra vida estaría a media. Es la tercera persona de la trinidad y la que nos guía a toda verdad. No trate de ir a un bosque sin una brújula porque se va a perder tampoco trate de vivir una vida santa sin el Espíritu Santo porque se va perder. Usted puede adquirir un mapa para llegar a un lugar específico o un "GPS" quien aparentemente no le va a fallar.

El mapa y el "GPS" los pueden comprar en su tienda de preferencia. Pero al Espíritu Santo no lo puedes comprar. Tampoco lo puedes obtener por catálogo. Sin embargo, usted ya posee un "GPS" en la Palabra de Dios y su llave está en la oración. La oración es la respiración del alma y apegada de manera especial al ayuno hacen una gran explosión que favorece a todo aquel que busca llenarse del Espíritu Santo.

Miremos en el libro de Hechos capítulo 1 vs 4, Jesús les pide a los discípulos a no irse de Jerusalén. Y en vs 8 les dice: pero recibiréis poder, cuando haya venido sobre vosotros el Espíritu Santo, y me seréis testigos en Jerusalén, en toda Judea, en Samaria y hasta lo último de la tierra. Después de Jesús haber dicho estas palabras fue levantado al cielo en una nube que le ocultó de sus ojos. Cincuentas días más tardes estaban todos recibiendo el poder del Espíritu Santo. Ser lleno del Espíritu Santo en el desarrollo de tu ministerio es inminente.

Es una promesa que Dios ha prometido pero tiene un precio que debes pagar. Pues no todo lo vas a tener en las manos. En ocasiones hay que pelear y pelear de rodillas para que adquiera esa promesa. En otras palabras tienes que humillarte y debes de morir para adquirir poder. Pero cuando te levantes no serás el mismo y es ahí donde está la diferencia.

Cuando hablo de morir no significa muerte natural más bien me refiero a una muerte del ego en tu persona. Donde tú enterrarás el "yo"

carnal y vivirás de acuerdo al Espíritu. Tu mismo

experimentaras lo que es tener la llenura del

Espíritu y sobre todo ese poder estarás en tus

manos para usarlo. Vale la pena estar lleno del

Espíritu Santo. Como también vale la pena que

no te rindas antes de recibir esa llenura.

Capítulo 9

Confirmando el Llamado

Confirmando el Llamado

El llamado lo podemos confirmar en oración y ayuno. Es una búsqueda personal con resultados extraordinarios. Es también una entrega, un anhelo por estar en cada culto o vigilia. Ninguna otra cosa es más importante que estar en la casa de Dios buscando su presencia. Estando en tu casa como a los cultos que asisten son una demostración de que el poder de Dios cae en cualquier lugar.

El estar en su presencia es algo motivador que no descansa en ti. En ocasiones se hace necesaria la presencia de ministros llenos del poder de Dios. Para oír con fervor y frecuencia la Palabra de Dios dándole lugar al Espíritu Santo que se mueva en ti y en la congregación. Estos factores pueden ser determinantes en el momento que Dios te pueda separar para su servicio. Esta clase de reuniones hacen falta hoy día ya que nadie sabe a ciencia cierta cuando el Espíritu Santo ha de ser derramado en el culto donde tú está presente y tú seas la chispa donde un avivamiento se levante.

De la manera en que estoy explicando estas experiencias que he vivido así también me gusta la participación del pastor y personas llenas del Espíritu de Dios. Por eso es de suma importancia contar con el apoyo de nuestro pastor. Así como

Eliseo trabajó con Elías hasta el momento que le vió partir así es necesario de que trabajemos junto a nuestro pastor y de vivir una vida en sometimiento a Dios. De nada saco provecho cuando tratamos de hacer lo que nos viene en gana. A Dios se le da lo mejor.

Por tanto no somos cualquier cosa para correr sin frenos por el mundo. No descuide la lectura de su Palabra. Es como la mejor fuente de confirmar nuestro llamado. Las Historias de grandes líderes usados por Dios en el Antiguo Testamento y Nuevo Testamento, son historias que nos dejan ver claramente de cómo Dios trata a la hora de usar una persona. Llega a mi memoria la historia del profeta Elías y a Eliseo.

Eran dos personas diferentes con un mismo sentir por el trabajo a Dios.

En un momento dado Elías le dice a Eliseo; pide lo que quieras antes de que yo sea quitado. Eliseo le dijo una doble porción de tu poder. Elías le responde, cosa difícil has pedido. Si logras verme al momento de mi partida te será dado. Pero si no me ves no te será dado.

Esta era una situación tal vez de incertidumbre. Pues Eliseo tenía que esperar y estar pendiente de sus movimientos y rumbos hacia donde él se dirigía. Pues la mejor alternativa no era seguirlo

CORRE, ATIENDE EL LLAMADO

pero si quería su doble porción tenía que verlo cuando se fuere. En otras palabras no había tiempo para perderlo. Eso nos enseña que todo aquello que le pidamos a Dios lo debemos de esperar sin prisa, hay que ser perseverante.

Aun en nuestra búsqueda debemos de esperar, velar y no rendirnos cuando la respuesta no ha llegado o se tarda. Dios siempre cumple su palabra. Pero tú y yo debemos de conocer y tener en cuenta el fruto de la paciencia. Entiendo en muchas ocasiones que no nos gusta esa espera. Sencillamente, debes de acordarte que es Dios el dueño de todo en la vida y que todo puede pasar pero su palabra no.

Acércate más a él y no desmaye. No desconfié

ni tengas dudas. Porque a su tiempo llegará tu

bendición. Créele que si te ha prometido usarte él

lo cumplirás. Mantén tu devocional y tu búsqueda

con hambre y no te suertes de sus manos.

Capítulo 10

Enviándolo

Enviándolo

Una vez que tú hayas sido confirmado por el Espíritu Santo, tu pastor y la iglesia, no hay nada más que esperar sino enviarte. Claro que esa salida necesita la bendición del pastor y de la iglesia. Usted que dice tener llamado de Dios no salgas de su iglesia sin esa bendición. El hecho de que usted salga a levantar obra también necesita el respaldo de su pastor. Acérquese a él y dele la oportunidad de que él le bendiga.

Esta bendición yo la comparo con la bendición que Isaac le dio a Jacob cuando Esaú vendió su primogenitura por un plato de lentejas

(Génesis: 27). Solamente había una bendición para el hijo mayor pero el menor se la robó.

Esaú molesto quiso matar a su hermano. Después de un trato como este no cabe duda que la amenaza, o atentado contra una persona quedan sin efecto. Ambos cerraron un trato humanamente.

Así encontramos a muchas gentes en el pueblo del Señor. Menospreciando su primogenitura por ser los grandes en el ministerio y nos olvidamos que quien llama es Dios. Que quien da el crecimiento y consentimiento es Dios. No debemos de correr al frente de Dios. El someternos a reglas o disciplinas no nos gusta en nada. Pero en el mundo donde tú y yo habitamos está lleno de reglas, leyes y disciplinas que requieren nuestra obediencia. Pues no podemos obedecer las leyes del cielo cuando en la tierra queremos hacer lo que nos viene en gana.

Toda desobediencia acarrea consecuencia que más tarde no nos gusta. Si así ocurre, entonces no nos hagamos los desatendidos y apreciemos el valor de un pastor. Que por su experiencia nos dice todavía no. Espera ese momento cuando Dios te dirá ahora es. La espera por larga que sea, en el Señor no tiene límites pues es Dios quien tiene el control del tiempo y de todo en tu vida. Espera en él y él te exaltará en su debido momento.

No somos poca cosa delante de Dios. Somos sus hijos, linaje escogido para llevar las nuevas de salvación. Hay mucho que ganar y poco que perder. Pero todo es a su debido tiempo. Es que muchas veces le pedimos a Dios señales y desde luego que Dios también nos prueba a nosotros.

Dios no quiere flojeras en nosotros. El quiere hombres y mujeres decididos en llevar este mensaje. No siempre será fácil pero tampoco él quiere rigidez. Démosle la oportunidad de que él cuente con cada uno de nosotros. Recuerda que el trabajo en el Señor nunca es en vano. Mas el éxito que tu adquiera en tu llamado depende de tu fe y la obediencia a Dios.

Muchas gracias por tu atención y que Dios te bendiga.

Bibliografía

Santa Biblia

Reina Valera 1960

Biblia de Estudio Scofield

Versión Ampliada 1960

Reina Valera

Diccionario

Bíblico Ilustrado

Diccionario

Popular de la Biblia

Diccionario

"Larousse" escolar - Lengua Española

Concordancia Bblica

Apuntes y estudios personales